Yellow Umbrella Books are published by Capstone Press,
151 Good Counsel Drive, P.O. Box 669, Mankato, Minnesota 56002.
www.capstonepress.com

Library of Congress Cataloging-in-Publication Data
Reed, Janet (Janet C.)
    [Parts of a whole. Spanish]
    Partes de un entero / por Janet Reed.
    p. cm.—(Yellow Umbrella: Mathematics - Spanish)
    Includes index.
    ISBN 0-7368-4158-X (hardcover)
    1. Fractions—Juvenile literature. I. Title.
QA117.R4418 2005
513.2′6—dc22
                                      2004055339

Summary: Simple text and photographs introduce the concept of fractions and how they
can be used to share treats fairly.

Editorial Credits
Editorial Director: Mary Lindeen
Editor: Jennifer VanVoorst
Photo Researcher: Wanda Winch
Developer: Raindrop Publishing
Adapted Translations: Gloria Ramos
Spanish Language Consultants: Jesús Cervantes, Anita Constantino
Conversion Editor: Roberta Basel

Photo Credits
Cover: Erin Hogan/Photodisc; Title Page: C Squared Studios/Photodisc; Page 2–Page 6:
Gary Sundermeyer/Capstone Press; Page 7: Comstock; Page 8–Page 16: Gary
Sundermeyer/Capstone Press; Page 2 (background): Andy Sotiriou/Photodisc;
Page 5–Page 6 (background): Nancy R. Cohen/Photodisc; Page 8 (background):
Ryan McVay/Photodisc; Page 9 (background): David Buffington/Photodisc; Page 10
(background): Ryan McVay/Photodisc; Page 12 (background): Buccina Studios/
Photodisc; Page 15–Page 16 (background): Nancy R. Cohen/Photodisc

1 2 3 4 5 6 10 09 08 07 06 05

Partes de un entero

por Janet Reed

Consultants: David Olson, Director of Undergraduate Studies, and
Tamara Olson, Ph.D., Associate Professor, Department of Mathematical
Sciences, Michigan Technological University

Yellow Umbrella Books
Mathematics - Spanish

an imprint of Capstone Press
Mankato, Minnesota

Enteros

Puedes comer una manzana.
Puedes comer la manzana entera.

También puedes comer partes de la manzana. Cuando comes la manzana entera, comes todas sus partes.

Puedes comer una naranja.
Estas partes forman
la naranja entera.

Cuando comes la naranja entera, comes todas sus partes.

Mitades

Puedes comer un sándwich entero.
También puedes comer una parte
del sándwich. Este sándwich tiene
dos partes.

Las dos partes son iguales.
Cada parte es una mitad.
Las dos mitades forman
un sándwich entero.

Dos mitades siempre forman
un entero. La mitad de este vaso
está lleno de leche. La otra mitad
está vacía.

¿Tiene esta niña la mitad de un vaso o un vaso entero de jugo?

Tercios

Aquí hay un pastel entero.
¿Cómo pueden estos tres amigos
compartir el pastel?

Pueden dividir el pastel en tres partes iguales. Cada una de estas partes es un tercio. Tres tercios forman un entero.

Cuartos

¿Cómo pueden estos cuatro
amigos compartir una pera?

Cada una de estas partes iguales es un cuarto. Cuatro cuartos forman un entero.

Esta fruta se ha dividido
en partes iguales. ¿Se ha dividido
en medio o en tercios?
¿Está dividida en cuartos?

Aquí hay una pizza entera.
Cada niño quiere un pedazo.
¿Se debe cortar la pizza por
la mitad, en tercios, o en cuartos?

Partes de un entero

Las mitades, los tercios y los cuartos son partes de un entero. ¡Puedes dividir un entero en muchas partes cuando compartes con tus amigos!

Glosario/Índice

compartir—repartir, dividir una cosa con otro; páginas 10, 12, 16

(el) cuarto—cada una de las cuatro partes iguales en que se divide un todo; páginas 13, 14, 15, 16

dividir—partir; separar en partes; páginas 11, 14, 16

entero—sin falta o carencia; que tiene todas sus partes; páginas 2, 3, 4, 5, 6, 7, 9, 10, 15

igual—que no difiere de otro por su naturaleza, cantidad o calidad; páginas 7, 11, 13, 14

(la) mitad—cada una de las dos partes iguales en que se divide un todo; páginas 7, 8, 9, 15, 16

(la) parte—porción de un todo; páginas 3, 4, 5, 6, 7, 11, 13, 14, 16

(el) tercio—cada una de las tres partes iguales en que se divide un todo; páginas 11, 14, 15, 16

Word Count: 235
Early-Intervention Level: 11